Zarifa Muhammadova

Sevgi tafti

Zarifa Muhammadova

Sevgi tafti

Qalbdan chiqgan so'zlar yuraklarni zabt etadi.Ko'ngil buyurdi men qog'ozga soldim.

JustFiction Edition

Imprint
Any brand names and product names mentioned in this book are subject to trademark, brand or patent protection and are trademarks or registered trademarks of their respective holders. The use of brand names, product names, common names, trade names, product descriptions etc. even without a particular marking in this work is in no way to be construed to mean that such names may be regarded as unrestricted in respect of trademark and brand protection legislation and could thus be used by anyone.

Cover image: www.ingimage.com

Publisher:
JustFiction! Edition
is a trademark of
Dodo Books Indian Ocean Ltd. and OmniScriptum S.R.L publishing group

120 High Road, East Finchley, London, N2 9ED, United Kingdom
Str. Armeneasca 28/1, office 1, Chisinau MD-2012, Republic of Moldova, Europe
Printed at: see last page
ISBN: 978-620-6-74121-3

Qadrsiz tuyg'u

Tilla zanjir, mol-u, dunyoga ko'ngil berib,
Sadoqatdan yiroqlashib ketarkan inson.
Go'zal qalbli bandalarni dilini kerib
Chil-chil bo'lgan bag'riga tosh otarkan har on.
Faqat yurak tub-tubida yotarmi sevgi
Ertaklarda baxtli yakun toparmi sevgi.

Ba'zan ko'zlar kulib turar, soxta tabbassum
Yig'lamoqqa arzimaydi to'rt kunlik dunyo.
Muzlab qolgan tuyg'ularni eritmas quyosh
Muhabbatdan bahra olmoq kimlarga ravo.
Faqat yurak tub-tubida yotarmi sevgi
Ertaklarda baxtli yakun toparmi sevgi.

To'siqlarga dosh bermoqqa yetmas goho kuch
Munisgina onang poyi, boshing qo'yasan.
Do'stim! Lek sevgi bobida kelmasa omad,
Ishon, tirik yursang hamki so'nib qolasan.
Faqat yurak tub-tubida yotarmi sevgi.
Ertaklarda baxtli yakun toparmi sevgi.

Cho'g' - olov, choh qazasan xasta ko'ngilga,
Dunyolarga sig'may ketar shikasta yurak.
Nafas olib turasanu, tanangda jon yo'q
Tunda bedor kechalarda, hamroh, do'st kerak.
Faqat yurak tub-tubida yotarmi sevgi
Ertaklarda baxtli yakun toparmi sevgi

Qur‘on kitobi

Makka shahri bo‘lmish, Hiro g‘orida
Farishtalar uchib qoqardi qanot.
Shunda Jabroildan keldi bir oyat
Nozil bo‘ldi ilk bor surayi "Alaq".

Saodatga eltar to‘g‘ri yo‘l boshlab
Insonga Islomni tanitgan "Qur‘on".
Qo‘llarga olganda ortar sevinchlar
Dillardan qayg‘uni aritgan "Qur‘on"

Ramazonda kashf bo‘lgan ulug‘ ne‘matim
Har dardga davoni sendan izladim.
Yuzimga nur sochgan yorug‘ quyoshim
Tunda ham, kunda ham seni qumsadim.

Tarannum etadi hayot sirini
Iymonni o‘zida jamlagan kitob.
Dardlar egganida inson boshini
Sabrni o‘rgatgan yagona kitob.

Pokiza qalblarga bo‘ladi oshno
Allohdan bandaga sovg‘a bu "Mus'haf"
Har nedan ustundir aziz varog‘i
Yaratgan so‘zlari jamlangan "Mus‘haf".

Shaytonga do‘st bo‘lish kofirga xosdir,
Qur‘onni yod olish musulmon farzi.
Zakotni vaqtida berib turmoqlik
Allohni oldida bandaning qarzi.

Nogahon xatolar ezsa yurakni
Xudodan izlagin o‘zinga panoh.
"Furqon" kitobini olgin qo‘linga
Vafoli do‘st bo‘lar eng sodiq hamroh.

Sir aytmoqqa sirdosh axtarib

Sir aytmoqqa sirdosh axtarib
Dunyo kezdim o'zimcha xursand.
Lek topmadim onamdek do'stni
Yonimda u, baxtliman har vaqt.

Sir aytmoqqa sirdosh axtarib
Aslo yurak bo'lmas ovvora.
Ota-ona chin do'st,suyanching
Siring sotmas ular har yona.

Sir aytmoqqa sirdosh axtarib
Hayot soxta ekanin bildim.
Gar ko'nglimni og'ritsa dardlar
Namoz o'qib ibodat qildim.

Sir aytmoqqa sirdosh axtarib
Yo'lda siring aytma hech qachon.
Osmonga boq, tunda betakror
Seni siring sotmaydi osmon.

Sir aytmoqqa sirdosh axtarib
Nima topding, siring sotishdi.
Sen ishongan, suyanganlaring
Bir so'z demay aldab qochishdi.

Ishonmagin siringni do'stga
Kimdur bilsa sirligi qolmas.
Seni siring bu seni siring
Odamlarga qizig'i bo'lmas.

Osmonimda oyimsan

Qalbim oshiq bilsang seni husningga
Bir bor diydor ko'rish nasb etsaydi.
Osmonda oyimsan yo'lim yoritgan
Bandam desang Robbim ko'nglim to'lsaydi.

Dunyoga bas kelar jonidan kechib
Bir nodon ranjitsa shodon dilimni.
Osmonda oyimdir yo'lim yoritgan
Dada deb chiqardim ilk bor tilimni.

Ranjitaman onam bag'ringni tilib
Tilim zahar emas, boldek bo'lsaydi.
Osmonda oyimdir yo'lim yoritgan
Seni sevaman deb takror aytsaydi.

Borini yo'limga poyandoz qilar,
O'zi dard cheksada ko'nglimga qarar.
Osmonda oyimdir yo'lim yoritgan
Yomon kunlarda ham jigarim turar.

Balki zo'r emasdir g'arib koshonam,
Lek dunyo shodligi yig'ilgan bunda.
Osmonda oyimdir yo'lim yoritgan
Yoshlikdan beboshlik estalik unda.

Men baxtliman deya jar solgum bugun
Tabbasumda quvonchim aks etgim keldi.
Osmonda oyimdir yo'lim yoritgan
Hayotim ma'nosi she'rlarim endi.

Do‘st

Ko‘rgan sari diydoringni qo‘msar qalbim
Yonginamda bo‘lsang hamki sog‘inaman.
Bilsang sensiz o‘tgan kunlar kun emasdir,
Ko‘rgim kelsa suratingla ovunaman.

Do‘stim o‘zing ishonganim sirdoshimsan,
Chin ko‘ngilli,soddagina dildoshimsan.
Bilsang menga g‘urur berar sen borliging
Tabassumi dunyolarga tengdoshimsan.

O‘xshamaysan ko‘z yoshlari soxtalarga
Davring kelsa eslaguvchi "soddalarga".
Tili boshqa,dili boshqa ba‘zilarning
Sen o‘xshaysan mehri cheksiz ummonlarga.

Nima kerak bu dunyoda inson uchun
Baxt berarmi usha rangli qog‘oz pullar.
Vaqt kelganda hech nimaga o‘tmas qurbi,
Bir tiyinmas do‘st oldida hatto zo‘rlar.

Borligiga ko‘z tegmasin chin do‘stlarni,
Insof bersin soxta dilli insonlarga.
Tikanidan ulashmasin atirgullar,
Shamollar hech chang solmasin do‘stligiga.

Mayus ko'z

Yashayman, yashamoq neligin bilmay
Yurak parda tortdi, qorong'u bari.
Tikan ustida ham turarman jimjit
Bemalol yashagin ketarman nari.
Hamon nafratdaman qorsiz muzladim.
Endi qachon kular aytgin ko'zlarim.

Sargardon bo'lma deb buyurdim dilga
Qalbing izlab ko'ngil bo'lmas ovvora.
Naqshinkor hayotda baxtli bo'lsang bas
Menga yetar mayin esgan shabboda.
Hamon nafratdaman qorsiz muzladim.
Endi qachon kular aytgin ko'zlarim.

Bo'ldi, oyning yarmi o'tdi qorong'u
Navbatni beradi yorug' kunlarga.
Lek unutmas yurak, qaytadi zarbang
Dardingni yoyasan bedor tunlarga.
Hamon nafratdaman qorsiz muzladim,
Endi qachon kular aytgin ko'zlarim.

Ishon dil bir kuni bo'lasan baxtli
U bergan azoblar shamolga uchar.
Seni senligingcha sevar sevgiling
Uning ilig' tafti ta'ningni quchar.
Ari yig'gan asal mening so'zlarim,
Albatta kuladi mayus ko'zlarim.

Dardli yurak

Beravering mayli qancha bo‘lsa gar sinov
Dosh beradi azoblarga dardli bu yurak.
Kulishimga ishonmanglar yig‘laydi qalbim,
Tabassumim ortida bor mungli bir yurak.

"Rahmat derman" ko‘ksimga tosh otganlarga
Do‘stingman deb ortimdan gap sotganlarga.
Azoblardan yig‘lasam gar ko‘nglim og‘rib
Ko‘zim uchun yolg‘on ko‘zyosh to‘kganlarga.

G‘ozdek qaddim egilmaydi bandasiga
Qadrim pastga urilmaydi bandasiga.
Boshim egsam egarman men alloh uchun
Oyoq osti bo‘lmas yurak bandasiga.

Vujudimda yonib turar o‘tli bir cho‘g‘,
Alangasi tanimga baxsh etar hayot.
Kunlar kelib o‘zin oqlar mashaqqatlar
Nurli,porloq kelajakda qurgum hayot.

Sabrim cheksiz sinovlarda sinalaman,
Yashasam gar o‘zim uchun kurashaman.
Yiqilsam ham muhtojmasman soxtalarga,
Dunyodagi eng baxtli qiz Zarifaman.

Yillar ayta qolsin, kunlarim aytsin

Mehring kutgan bedor tunlarim aytsin.

Seni sendan ortiq sevib yashagan

Sevginga zor bo'lgan yuragim aytsin.

Yillar ayta qolsin, kunlarim aytsin.

Menga qilganlaring xudodan qaytsin!

Mayli dunyo meni yomon deb aytsin.

Sen bergan qayg'ular o'zinga siylov

Bir kuni afsuslar armonin aytsin.

Yillar ayta qolsin, kunlarim aytsin.

Menga qilganlaring xudodan qaytsin.

Kunlarga ulangan tunlarim aytsin.

Seni borligingni katta baxt bilgan

Ishonib adashgan ko'zlarim aytsin,

Yillar ayta qolsin, kunlarim aytsin.

Menga qilganlaring xudodan qaytsin!

Yuzimga tizilgan yomg'irlar misol.

Shamolli kunlarim baxtga yo'l ochar

Yomg'irdan so'ng kelar kamalak timsol.

Yillar ayta qolsin,kunlarim aytsin.

Menga qilganlaring xudodan qaytsin!

Vafodorim

Sinar alloh bandasini sinovlarda
Sevgan dilni ayriliqqa duchor qilib.
Sog‘inch o‘tar ko‘ngillarni bog‘idan jim
Muhabbatni qiynog‘ini yurak bilib.
Yonimda tur qayg‘u-baxtda har onim.
Alloh menga ato etgan vafodorim.

Mayli shamol bo‘lib sovut iliq ko‘nglim
Xiyonatni ravo ko‘rma bag‘rim tilib.
Ba‘zilarni qalb ko‘zi bor so‘nib bo‘lgan
Ma‘no qaytar so‘ngan qalbga sen nur bo‘lib.
Yonimda tur qayg‘u-baxtda har onim
Alloh menga ato etgan vafodorim.

Har yurakda mavjud orzu shaharchasi
Go‘zal shahrim qirolligi senga yorim.
Yonib turgan ishq ustiga quyma sharob
Faqat senga atalgandir meni borim.
Yonimda tur qayg‘u-baxtda har onim.
Alloh menga ato etgan vafodorim.

Nafas olsang nafasingda senla bo‘lay
Makkorlar ko‘p hiylasiga uchma yorim.
O‘zga bog‘bon niholiga ko‘zing tikib
Yoring qolib begonani quchma yorim.
Yonimda tur qayg‘u-baxtda har onim
Alloh menga ato etgan vafodorim.

Ortimdan gap sotishingiz bilmas edim...

Choh olovda yonganingda, daryo bo'lib,
Qo'ling tutdim men bechora sahro bo'lib.
Xiyonatni dil ko'tarar alam yutib,
Vafo kutdim insof berar tangrim deya.
Ortimdan gap sotishingiz bilmas edim
Bilganimda yoningizda bo'lmas edim.

Do'st zarbasi yuraginga tig'dek botar,
Har bir gapi miltiq kabi o'qin otar.
Xatolar ko'p savoblarni to'sib o'tar,
G'iybatchilar gunohlarim to'kib ketar.
Ortimdan tosh otishingiz bilmas edim
Bilganimda yoningizda bo'lmas edim.

Shon-shuhratga yetibtida oyong'ingiz
Mansab topib moylanibdi ko'zlaringiz.
Niqoblardan bezimasmi yuzlaringiz?
Oddiy hayot dunyoyingiz tark etganda.
Ortimdan gap sotishingiz bilmas edim
Bilganimda yoningizda bo'lmas edim.

Kerak emas menga soxta rahmatingiz
Ko'p eshitdim ortimdan xo'p g'iybatingiz.
Angladimku bugun asl maqsadingiz
Tõrt kunlik bu yig'ib-tergan mansabingiz.
Ortimdan tosh otishingiz bilmas edim
Bilganimda yoningizda bo'lmas edim.

Orzu qiling.

Orzu qiling, armon bo'lmasin
Qalb chetida qolib ketmasin.
So'rang dildan , chin ko'nglingizdan,
Olloh berar, esdan chiqmasin.

Orzu qiling, bo'lmasin armon
G'amga to'lib qolmasin inson,
To'g'ri qo'ying maqsadingizni
Sizni qamrab olmasin pushmon.

Qiling orzu, bo'lmasin armon
Niyatingiz bo'lsin bir jahon.
Shukur eting, omon boshingiz
Oshib yuring hamisha dovon.

Orzu qiling, armon bo'lmasin
O'tgan umr sarob bo'lmasin.
Yaratganga aytingiz sano,
Yurt tinch bo'lsin, musaffo osmon.

.

Akajonim

Akajonim, mehribonim siz,
Bu dunyoda xaloskorim siz,
Siz borsiz-ki kunlarim yorug'
Qorong'uda chorog'bonimsiz.

Boringizga shukurlar bo'lsin
Dil kuyarim akajonginam.
Sizga shon-u sharaflar bo'lsin
Jon kuyarim akajonginam.

Omadim bor, shukr Allahga
Sizdek akam borligi uchun.
Omadliman baxtliman juda
O'tayotgan kunlarim durkun.

Bugun yig'lab yolvorib dildan
Yaratgandan so'rayman panoh.
Sizni balo-qazodan asrab
Uzoq umr bersin-da Allah.

Vatan Madhi

Ey Vatan, ayyoming muborak bo'lsin,
Mening ona yurtim, ota makonim.
Kunlaring nurafshon shodlikga o'tsin,
Qadri ulug' bo'lgan elga dostonim.
Senga aslo gardlar qo'nmasin, Vatan,
Ko'ksingda dog'laring bo'lmasin, Vatan!

Sensan eng ulug'lar boqiylik yurti,
Cho'lponlar, Fitratlar, Qodiriy yurti.
Temuriylar yurti, Boburiy yurti,
To'maris, Shiroqdek mardlar umidi,
Senga aslo gardlar qo'nmasin, Vatan.
Ko'ksingda dog'laring bo'lmasin, Vatan!

Eng qadim maskanlar mujassam bo'lgan,
Qalbi pok insonlar Vatan deb bilgan,
Qo'lin ochib hamisha duoda bo'lgan.
Farzandlaring asrar seni g'amlardan.
Senga aslo gardlar qo'nmasin,Vatan,
Ko'ksingda dog'laring bo'lmasin, Vatan!

Ulg'ayib boramiz quyosh taftingda,
G'amning nimaligin bilmay bag'ringda.
Orzular og'ushida yashaymiz kunda,
Ulug' yaratishlar ayni davrida.
Senga aslo gardlar qo'nmasin, Vatan,
Ko'ksingda dog'laring bo'lmasin, Vatan!

Baxtiyorman bugun, baxtliman bugun,
Bag'ringda yashayman shodumon, gulgun.
Shukrona aytaman borliging uchun
O'ttiz yoshdan oshding,Vatanim durkun.
Senga aslo gardlar qo'nmasin, Vatan,
Ko'ksingda dog'laring bo'lmasin, Vatan!

Islom bobom

Yuragimni g'ashlaydi bir dard,
Sog'inch ezar yomon dilimni.
Hayot buncha azob- uqubat
Sog'inganman, Islom bobomni.

Vatan uchun tinmay kun-u tun,
Shu xalq uchun nafas olardi.
Bu dunyoda unutib o'zin,
Elning dardi bilan yonardi.

Hayot shunday bevafo ekan
Yaxshilarni oldin oladi.
Yaxshilarning yaxshiliklari
Esdan chiqmas, mangu qoladi.

Musofir

O'zga yurtda yurar, bola chaqam deb,
Uylar qurush kerak to'y qilay deya.
Goho non o'rniga ro'zg'or g'amin yeb,
Farzandlar kam- ko'stin to'ldiray deya.

Hayot sinovlidir sabrli-g'olib,
Odamlar gap so'zin etmasdan pisand.
Halol mehnatidan baraka topib,
Qaytadi ko'tarib qaddini baland.

Ularning qalbida o'zgacha bir his
Yuragi ostida tug'ulgan bir o'y.
G'am-alam, tashvishlar ariydi hargiz.
Topganini to'kib, elga berar to'y.

Bayroq

Falakni zabt etib hilpirar bayroq,
Ko'nglimga bir olam ulashar quvonch.
Qalblarda uyg'otar faxr va titroq
Vatanim timsoli-bayrog'im gultoj.

Mard- jasur farzandlar qo'lidan tushmay,
Ko'zni yashnatadi Vatan bayrog'i.
Zukko, topqir, dono yoshlar og'ishmay,
Boshlarida turar baland bayrog'i.

Sportchi akalar ko'tarar baland
Millatning ramzini, kuchli qo'lida.
Bu mening faxrim deb quvonar, xursand
Tinchlik, taraqqiyot porloq yo'lida.

Ko'k rangda aks etar musaffo osmon,
Qizil rang tomirda oqgan qonimiz.
Tinchlik oq, yashil rang tiriklik, hayot
Jam bo'lgan go'yoki unda jonimiz!

Adib

Xudoyiberdi To'xtaboyevga

Oramizda ko'p buyuk zotlar,
Mangulikka daxldor ular.
Ularga bosh egib hamisha
Sadoqatni saqlaymiz bizlar.

Bolalarga baxsh etib umrin
Asar yozdi chin joni kuyib.
Qalbi toza, kamtar edi u,
Bola kabi beozor, suyuk.

Ustoz

Kechagiday yodimda u kun,
Maktab saru chopganman turip.
Bilim olmoq bòlib shod, mamnun,
Bolaligim ortda qoldirib.

Men o'tirdim sekin partaga,
Qo'lda ruchka, yonimda daftar,
Bir zot keldi "Men ustoz" dedi,
Yuz-ko'zidan mehr-nur tarar.

Ustoz o'zi kimdir,hayotda
Bilim berar chin dildan bizga.
Otammidi yoki u onam,
Jon kuydirar har o'g'il qizga.

Katta bo'lib angladim, mana,
Ustozlikning qadri ko'p baland.
Men ham ustoz bo'lgum, albatta,
Fikru o'yim shuning bilan band.

Bu tanimda jo'sh urgan yurak,
Kengliklarga ketaman sig'may.
Meni kutar yorqin kelajak,
Ustoz bo'lgum men ustozimday.

Bizni deya oqargan sochlar sochi,
Yuzlariga tushmish ajin-iz,
Bizni deya sarf etib kuchin,
Tinmas sira uztozlarimiz.

So'ngi qo'ng'iroq

Ortda qolib mana o'n bir yil,
Qarang bugun safda turibmiz.
Chalinmoqda so'ngi qo'ng'iroq,
Biz o'n sakkiz yoshga kiribmiz.

Bir sinfda o'tdi umrimiz,
Sho'xliklar-u o'yin, suhbatlar...
Dilda quvonch, ko'zimizda nam,
So'ngi soat, so'ngi fursatda.

Mana, bugun otlandik endi,
Qadam bosib hamma har tomon.
Chalinmoqda so'ngi qo'ng'iroq,
Boshlanmoqda katta yo'l, dovon.

Qalbimdagi Zulfiya

Hur O'zbek elining mag'rur ayoli.
Zafarga yor edi porloq iqboli,
Shijoat, jasorat timsoli bugun,
Tilidan tomgandi shakari, boli.

Baxsh etib qalblarga o'zgacha surur,
Oddiy qalam bilan taratoldi nur.
Har bitta yurakdan joy ololdi u,
Tengsiz javohiru, bo'lib shoda dur.

O'lmas ijodiga qilganmiz havas,
Uning ijod yo'li yoshlarga bir dars.
Har bitta satrida katta ma'no bor,
Ijodin o'rganish deyman, menga farz.

Sabr daraxtidan meva terdi u,
Sevgisida vafo yashaydi mangu.
Mehr-u sadoqatdan bergay u saboq
Dillarni yayratar satri-ohangi.

Bir umr o'chmagay shoira nomi,
To abad tirikdur Zulfiyaxonim,
Dilga jo bo'lib xush dilbar kalomi
Barhayot, suyukdir Zulfiyaxonim.

Jajji farishta

Jajjigina chiroyli gulim-
Uni ko'rib shodlanar dilim,
Hayotimning quvonchi erur
Qora ko'zli durdona singlim.

Ko'zlaringdan mehr taralar,
Opa desang ko'nglim nurlanar,
Shirin so'zli, o jajji singlim
Mehring bilan olam munavvar.

Jajjigina qo'ling tutganda,
Baxt tuyaman kulgungdan, behad
Ko'zingda yosh koringanda-chi,
Chekinadi mendan halovat.

Senga hech ham ko'zlar tegmasin,
Qora ko'zli, o'zimning erkam.
Hayotingni nurlar bezasin,
Qalbi toza jajji farishtam.

Ukalarim

Allohimga ming shukur bo'lsin,

Ikki ukam borligi uchun.

Oilamiz nurlarga to'lsin

Tinch, omonlik yorligi uchun.

Ukalarim mehribon juda

Meni so'zsiz kaftda tutadi.

Yaratgandan so'rayman har kun:

Baxt-omadga yetkaz ularni.

Dunyolarga alishmasman hech

Ikki ukam-ikki qanotim:

Ota-onam oy birla quyosh

Bekamu ko'st o'tgay hayotim.

Aka

Siz bor uchun mag'rur turardim
Akam bor deb shodon yurardim.
Qadringizni bilmay men nodon
Ba'zan xato ishlar qilardim.

Kecha tushda ko'ribman yana
Jannatlarda yurgan ekansiz.
Mayin kulib, qarab jimgina,
Omonmisan, singlim, derkansiz.

Bolalikda suyub siz qancha
Puchug'im deb erkalagansiz.
Sizsizlikda qiynalib juda
Qidiryapman bosgan izingiz.

Nima qilay hayot shu ekan
Har insonga qismat ekanku-
Kelmog' boru, ketmog' bor ekan,
Jannatlarda qoling siz mangu.

Ota-ona

Yig'latmasin allah hech kimni
Diling zardob, yomon bo'ladi.
Gar yig'lasang faqat yoningda
Albat ota-onang bo'ladi.

Qalbda bo'lsa alam g'am-qayg'u
Darding tinglar darmoning bo'lib,
Yiqilganda madoring qurib
Turar mudom qalqoning bo'lib.

Boy bo'lganda do'sting ko'p bo'lar
Yiqilganda yo'q bo'lar ular.
Qayg'ungda ham, ham shodon kunlar,
Ota-onang yoningda turar.

Bu beshavqat dunyoda doim
Omad kulib xursand etmaydi.
Shunda seni yolg'iz xudoyim
Ota-onang tashlab ketmaydi.

Onam

Hayotimning ma'nosi onam,
Kasal bo'lsam boshda parvonam.
Bu dunyoda suyangan tog'im
Yonimdagi jonim, yagonam.

Yaxshi kunim, yomon kunda ham,
His etaman otash mehrini.
Ko'zlarimda ko'rib qolsa nam
Unutadi tamom o'zini.

Kuyukchakdir, mehribon, g'amxo'r,
Menga hayot baxsh etgan bag'r
Jannat izlab nima qilaman,
Jannat uning poyida axir.

Bosh qomusimiz

Baxtimizga posbon bosh qomusimiz,
Hamisha har onda bizga hamrohdir.
Haqgo'ylik odillik bayrog'in tutgan,
Bizni qo'llab turgan guvoh, ogohdir.

Bag'rim orom topar borliging uchun,
Yaxshilikka doim yorliging uchun,
Haqiqat egilar, lek sinmas derlar,
Tashakkur haqiqat korliging uchun.

Adolat istagan yuraklar uchun
To'g'ri yo'l ko'rsatar qonunlaring bor.
So'ngan umidlarga yoqasan uchqun,
Albatta, albatta topgay haq qaror.

Dil izhori

Daryo to'lib oqsa, dengizga shoshar,
Inson xato qilsa, dardga tutashar.
Qalbimda mavj urgan sevgi bulog'i
Onamga kelgnada jo'sh urib toshar.

Bahorda ochilgan moychechaklar ham
Tanadan uzilsa ko'zyoshi oqar.
Bag'rimda yaralgan ishqning o'chog'i
Onamga kelganda bor mehrin sochar.

Qalbim bog'ida bor mislsiz bahor,
Quyosh mehri ila sochimni tarar.
Men uchun kechilgan bedor u tunlar
Kun kelib quvonchli kunlarga yarar.

Umrimizning joni, qalb rishtasi-siz,
Uyimizning fayzi, sarishta-siz.
Tangrimning tuhfasi, farishtasi-siz,
Onajonim, omon bo'ling, sog' bo'ling.

Eng go'zal gullarning ifori sizda
Jannat tog'larining vuqori sizda.
Chinakam mehrni bergansiz bizga,
Onajonim doim vaqti chog' bo'ling.

Holat

Ba'zilar bor qiladi alam,
Odam emas lek yashayapti.
Menga juda tor kelar olam
To'yib yig'lab olgim kelyapti.

Qalbim yig'lar yuragimda dard
Baxtga yaqin borgim kelyapti.
Qing'irlikni ko'rganda faqat
To'yib yig'lab olgim kelyapti.

Dodlar solib ovoz chiqarib
Dunyolarni yoqgim kelyapti.
Hayot qiziq ekan vo ajab
To'yib yig'lab olgim kelyapti.

O'z dardimga o'zim tabibman
Cho'kayotgan bitta qayiqman.
Yomonlarga nafrat, qahrimdan
To'yib yig'lab olgim kelyapti.

Nima qilay hayot shu ekan,
Goho baxtdan dard ustun ekan.
Kimlarni deb yashasam ekan
To'yib yig'lab olgim kelyapti.

Tirik murda bo'lib yuripman,
Alamimdan yonib yuribman,
Baxt eshigi yopiq turipman,
To'yib yig'lab olgim kelyapti.

Imkonlarni qo'lday boy berib,
Azoblarda o't bo'lib yonib,
Dardlarimni shu she'rga solib
To'yib yig'lab olgim kelyapti.

Shu ekanda to'rt kunlik dunyo,
Muhabbating kimlarga ravo.
Sabr so'zi menda bir dunyo,
To'yib yig'lab olgim kelyapti.

Men kim o'zi oddiy bir inson,
Chumolidek qimirlagan jon.
Baxt istayman hamisha, har on,
To'yib yig'lab olgim kelyapti.
Qancha bo'lsa bergin sinovni
Juda katta qo'yganman dovni.
Yengib o'tgum to'siq va g'ovni,
Faqat yig'lab olgim kelyapti.

Shifokorlar

Mashaqqatli kasbingizla topib sharaf, shon,
Ulug‘lashga munosibsiz, chin qalbli inson.
Mehringizni tan olmoqda bu dunyo, jahon,
Qanoti yo‘q farishtasiz, qalbi osmonim.

O‘zingizni o‘ylamasdan tun-kun yelasiz,
Biz uchun jon kuydirib hech tinmay kelasiz,
Mehnat qilib charchamang hech, tolmangiz hargiz,
Qanoti yo‘q farishtasiz, qalbi osmonim.

Ba‘zilar bor mehnatingiz qadrin bilmaydi,
Shifokorda ko‘ngli bor deb o‘ylab ko‘rmaydi,
Shirin so‘zin bir bor oshkor aytib qo‘ymaydi,
Qanoti yo‘q farishtasiz qalbi osmonim.

Yaratgandan so‘ragayman, men takror-takror,
Yashang baxtli taxtli bo‘lib toki dunyo bor.
Qalbingizni qopmasin, zarracha g‘ubor,
Qanoti yo‘q farishtasiz, qalbi osmonim.

Otajonim

Bu dunyoda eng ulug' inson
Siz erursiz, jonim otajon.
Yaxshi-yomon kunimda hamon,
Yonimdagi g'amxo'rim,otam.

Tashlab ketar do'stu yoroning,
Hatto bir kun ishongan yoring.
Faqatgina yoningda turar
Suyanganing, savlatli tog'ing.

Otajonim, mehribonim siz,
Qadrim bilgan qadrdonim siz.
Nogoh biror xavfni sezganda
Yonimdagi xaloskorim siz.

Otajonim, borimsiz mening,
Siz g'ururim, orimsiz mening,
Davralarda quvnab yuraman,
Ishonganim qalqonim mening.

Siz borsizki bugun baxtliman
Bor sinovga mag'rur, ahdliman.
Ishonchingiz oqlayman, albat.
Men qizingiz-Zarifangizman.

Shirin sinov

Sinar ekan Alloh insonni,
Turli dard-u alamlar bilan.
Yiqitarkan, turg'uzar ekan,
Goh quvonchu goh g'amlar bilan.

Qiynar ekan allah insonni,
Ba'zan vijdon azobi bilan.
Qayg'ularga ko'mib tashlarkan,
Ayriliqning qiynog'i bilan.

Yig'latarkan ba'zi-ba'zida
Goh quvonchda, gohi qayg'uda.
Qilib duchor goh muhabbatga,
Ba'zan yolg'on, ba'zan aslida.

Beravermas Alloh hammaga
Bu sinovli, og'riq-zarblarni.
Yaxshi ko'rgan bandalariga
Berar ekan "shirin" dardlarni.

Davom etar ekanda hayot,
Yaxshi-yomon qilmishi bilan.
Suvday oqib ketarkan hayot
Ko'zni ochib yumushing bilan.

Shuning uchun, do'stim, dunyoda,
Yomonlardan yiroqda yashang.
Omadlarga ko'milib shodon,
Baxt gullagan gulbog'da yashang.

Xotirangiz qalblarda mangu

Kimnidir qiynaydi sog‘inch azobi,
Dardlarga burkangan, oh chekar mahzun.
Kimlarga yetmaydi ona quchog‘i,
Qalbini og‘riqlar ezadi, vazmin.

Xasta bo‘lib o‘zin o‘ylaydi inson,
Dilin kemirganda qayg‘u va armon.
O‘shanda ham bolam, bolajonim deb,
Tunlar ko‘z yoshlarin yashirar pinhon.

Kun ko‘rmoq ilinji tinmas tirik jon,
Yashash uchun etar borini qurbon.
Quyoshdan taft olib yelib-yugurib,
Faqat farzand uchun yashaydi inson.

Yashash shu ekanda azobga to‘lib,
Ba‘zan muhabbatdan yiroqda bo‘lib.
O‘z dardin o‘ylamay, o‘zgani o‘ylab,
Yashar bag‘rin yulib, yuragin qilib.

Qalbim to‘rida bor siz uchun makon,
Men sizni u yerda asrab qo‘yibman.
Nima qilay endi hayot shu ekan,
Xotirangiz bilan tirik yuribman.

Ona

Bu dunyoda jannat bor,
Bugun unga kimlar zor,
Ey do‘stlarim yo‘lingiz
Poylagan onanggiz bor.

Ona men uchun mo‘tabar,
Ko‘nglimdagi dur, gavhar,
Boriga ming shukrona,
Duodaman shom, sahar.

Ortingizda tog‘ingiz bor,
Tashlaysiz mag‘rur qadam.
Yoninggizda onaggiz bor,
Ko‘nglingiz xushnud har dam.

Sirdoshim

Yoshligimning ajib damlari,
Sen-la o‘tdi qadrdon sirdosh.
Baxtimga sog‘ bo‘lgin ming yillar,
Mehribonim, dugonam, dugosh.

Bolalikda yonimda yurib,
Sen men uchun bir suyanch bo‘lding.
Yiqilganda yonimda turib,
Go‘yoki sen bir tirgak bo‘lding.

Ko‘z yoshlarim daryo bo‘lganda,
Qalbda sokin bir panoh bo‘lding.
Dilni alam tirnab o‘tganda,
Sen hayotim, chin porloq bo‘lding.

Boshga tuhmat qolgach yig‘ilib,
Sen u vaqtda yonimda turding.
Ishonchimni ko‘p bora oqlab,
Sen suyanchim sen sirdoshim bo‘lding.

Sen go‘zalsan misoli Zuhro,
Qanoti yo‘q farishtam mening.
Quyosh kabi mehring bir dunyo
Dugonajon qalb rishtam mening.

Alloh

Osmon go‘zal yulduzlar bilan,
Quyosh bilan to‘lin oy bilan,
Dilda nomimg mangu joy bilan,
Yurak urar tanho sen bilan

Hayot totli, shod erur bandang,
Sen qalblarda manguga bo‘lsang,
Dillar nurga to‘ladi bilsang,
Yurak urar tanho sen bilan

Borligingga aytamiz shukur,
Sening bilan dillarda huzur,
Qalbimizga oqib kirar nur,
Yurak urar tanho sen bilan.

Topilmas durdonam

(Muhammad bobojonim xotiralariga bag'ishlanab.

Ko'zim ochib ko'rdim dunyoni,
Alam, qayg'u, baxtlarga to'lgan.
Men ko'rganim g'addor dunyoni,
Eng munavvar chirog'i so'ngan.
Mening dunyom siz edingiz-ku,
Mehridaryom, baxtim bobojon.
Sizsiz labim ko'rmaydi kulgu,
Tashlab ketib qoldingiz.
Olis yo'lda karvonim bo'lib,
Qiynalganda panohim bo'lib,
To'g'rilikka boshlar edingiz,
Yo'l boshlovchi sarbonim bo'lib.
Suyanganda tog'im edingiz,
Ishonganim, borim edingiz.
Qoqinganda yo'limga goho,
Ko'z yoshlarim artib qo'ydingiz.
Meni ko'rib suyungan, bobom,
Chuchuk tilim tushungan bobom,
Yer-u ko'kga meni ishonmay,
Kaftlarida, o tutgan bobom.
Allahimdan so'rarman takror.
Bobojonim, sizni ko'rishni.
Intiqlikla kutarman har on,
Jannatlarda birga bo'lishni.
Dildan to'lib aytarman mudom,
Bobojonim, yaxshi ko'raman.
O'lgunimcha siz uchun duom
Bobo sizni yaxshi ko'raman.
Jannatlarda birga bo'laman!

Printed by Books on Demand GmbH, Norderstedt / Germany